Pasion en las Sombras

Donde el amor florece bajo el primer sol

Elena Carvajal

Index

CAPÍTULO I
Encuentro Destinado

Laura Moreno, con su talento y sensibilidad por el arte antiguo, desembarca en las vibrantes costas de Marbella. La ciudad se extiende ante ella como un lienzo que espera ser tocado por la mano de una artista; un lugar donde las huellas del pasado se entrelazan delicadamente con el pulso de la modernidad. Mientras se adentra en las calles adoquinadas, llenas de luz y sombra, el cosquilleo familiar de una nueva aventura envuelve su ser, prometiendo descubrimientos y, quizás, toques de magia inesperada.

Marbella, con su mezcla encantadora de lo antiguo y lo nuevo, ofrece un escenario perfecto para alguien como Laura, cuya vida se ha dedicado a desentrañar y preservar las historias contadas por objetos y estructuras que han sobrevivido el paso del tiempo. Cada edificio, cada callejón, parece susurrar secretos del pasado, cada uno clamando por ser descubierto y entendido. La brisa marina lleva consigo olores de sal y jazmín, y el sonido de las olas rompiendo en la orilla acompaña sus pasos mientras explora este nuevo mundo.

En su primer día, Laura decide perderse a propósito entre las calles de la ciudad, permitiendo que sus instintos y su curiosidad la guíen. Los muros blancos de las casas se destacan intensamente bajo el sol del mediodía, y los balcones están adornados con flores vibrantes que caen en cascada, creando un espectáculo de colores que capturan la esencia viva de Marbella. Las plazas se encuentran llenas de gente; locales y turistas por igual, todos mezclándose en un tapiz de culturas que reflejan la posición de Marbella como un crisol de historias humanas.

Mientras camina, Laura observa las expresiones de arte que decoran las calles: murales que pintan historias de amor, resistencia y celebración. Cada pieza parece darle una bienvenida visual, invitándola a sumergirse más profundamente en la comunidad artística de la ciudad. El arte no es solo una parte de los museos y galerías aquí; está vivo en las calles, en los rostros de la gente, en la forma en que la ciudad misma respira y se mueve.

En un pequeño café al lado de una plaza sombreada por naranjos, Laura toma un momento para descansar. Mientras saborea un café con leche, su mirada se pierde en la danza de los rayos de sol que se filtran a través de las hojas, creando patrones de luz y sombra sobre la mesa. Es aquí donde comienza a sentir cómo Marbella se entrelaza con su propio espíritu, donde el pulso de la ciudad empieza a sincronizarse con su corazón. Piensa en su proyecto, la restauración de un antiguo faro en el extremo más rocoso de la ciudad, y cómo ese faro ha sido testigo de la historia marítima de Marbella, guiando a los marineros a casa a través de las generaciones.

Con renovado entusiasmo, Laura decide que es hora de visitar el faro. Se levanta, paga su café, y se dirige hacia el este, siguiendo las indicaciones de los locales, que con sonrisas amables le señalan el camino. La caminata hacia el faro la lleva por la costa, donde el mar se extiende vasto y brillante bajo el sol. Las gaviotas vuelan alto, sus gritos resonando en el aire salado como un coro que celebra el cielo y el mar.

El faro, cuando finalmente lo alcanza, se alza majestuoso y solitario, un guardián de piedra en el límite entre la tierra y el agua. A pesar de su apariencia desgastada por el tiempo, hay una belleza indomable en su estructura, una dignidad que no se ha desvanecido con los años. Laura recorre con la mirada la textura de las piedras, cada una contando una parte de la historia del faro. Siente una conexión instantánea, una responsabilidad hacia este símbolo de seguridad y esperanza que ha soportado tantas tormentas.

Mientras el sol comienza a descender hacia el horizonte, tiñendo el cielo de tonos cálidos de naranja y rosa, Laura saca su cuaderno de notas y comienza a esbozar sus primeras impresiones y pensamientos sobre la restauración del faro. Considera las técnicas que podría emplear para fortalecer la estructura sin comprometer su integridad histórica. Cada decisión que tomará en los próximos meses requerirá un equilibrio entre preservar el pasado y garantizar su supervivencia en el futuro.

A medida que el crepúsculo se cierra sobre Marbella, Laura siente cómo el lugar le habla. El faro no es solo un proyecto; es un pedazo de historia, un testigo silencioso de las vidas que ha tocado. Imagina a los marineros de antaño, guiándose por su luz en noches tempestuosas, y las familias esperando en tierra, sus corazones llenos de esperanza y temor. Este faro es más que piedra y mortero; es un símbolo de retorno y de hogar.

Con el cielo ahora oscureciéndose, Laura decide regresar al pueblo. Mientras camina de vuelta, reflexiona sobre su propia vida, sobre los viajes que ha hecho y las piezas de arte que ha salvado. Como el faro, también ella ha sido una guía a su manera, iluminando los tesoros del pasado para que otros puedan encontrar su camino hacia la belleza y la comprensión.

De regreso en el centro de Marbella, la vida nocturna comienza a cobrar vida. Las luces de los restaurantes y bares iluminan las calles, y la música flota en el aire, una mezcla de melodías tradicionales españolas y ritmos modernos. Laura decide detenerse en un pequeño bistro, donde cena al aire libre, observando a la gente pasar. Familias disfrutando de la noche, parejas paseando de la mano, jóvenes riendo y compartiendo momentos juntos. Es un recordatorio hermoso de que, aunque su trabajo la sumerja a menudo en el pasado, vive en un mundo vibrante y lleno de vida.

Después de la cena, mientras se dirige a su hotel, Laura siente una profunda gratitud por estar aquí, en este lugar, en este momento. Marbella ya no es solo un punto en el mapa o una parada en su carrera, sino un lugar donde ha comenzado a tejer su propia historia en el tapiz más grande de su vida.

Esa noche, desde la ventana de su habitación de hotel, Laura escribe en su diario sobre las experiencias del día, sobre el faro y sobre las emociones que Marbella ha despertado en ella. Con la vista del mar bañado por la luz de la luna, siente una paz que había estado buscando sin saberlo, una sensación de estar exactamente donde debe estar. Antes de dormir, mira hacia fuera, hacia el faro en la distancia, su luz parpadeante como un latido constante, un recordatorio de que la luz guía siempre está allí, incluso en la oscuridad, guiando a los viajeros a puerto seguro.

Con esa imagen tranquilizadora, Laura se duerme, sus sueños mezclados con el sonido de las olas y la suave luz del faro, anticipando los días de trabajo y descubrimiento que tiene por delante en Marbella, donde cada piedra y cada calle parecen susurrar historias de pasados distantes y promesas de futuros brillantes.

Laura había pasado la mañana explorando los rincones ocultos de Marbella, absorbiendo la rica historia y la vibrante cultura del lugar. Su paso por el casco antiguo la llevó a través de estrechas calles flanqueadas por edificios encalados que brillaban bajo el sol del mediodía. Había detenido su camino varias veces, maravillada ante las intrincadas rejas de hierro y las puertas de madera que parecían guardar secretos de siglos de existencia. Cada ventana adornada con macetas rebosantes de geranios y buganvillas añadía un toque de color a la paleta blanca de la ciudad.

Mientras caminaba, el sonido de su nombre en voz baja la sacó de su ensimismamiento. Se volvió para encontrar a Alejandro, un desconocido hasta ese momento, pero alguien cuya presencia se sentía extrañamente familiar. Alejandro estaba apoyado casualmente contra el marco de una puerta antigua, su figura recortada contra la luz que se filtraba a través de un arco cercano. Su sonrisa era cautivadora, y en sus ojos había un brillo de reconocimiento, como si de alguna manera supiera que este encuentro estaba destinado a ser.

"¿Laura Moreno?" preguntó con una voz que mezclaba confianza y una suave curiosidad. "He oído hablar mucho de ti. Tus restauraciones son legendarias."

Sorprendida, Laura dio un paso hacia adelante, su interés picado tanto por la mención de su trabajo como por la manera en que su nombre parecía encajar perfectamente en su boca. "¿Me conoces?"

"Conozco tu arte," respondió Alejandro, empujando su cuerpo del marco de la puerta y acercándose a ella. "Y por lo que veo, las leyendas no le hacen justicia a la artista."

El cumplido la hizo sonrojar, una reacción que normalmente habría contrarrestado con una respuesta mordaz, pero algo en la sinceridad de Alejandro y la intensidad de su mirada la desarmó. Decidieron caminar juntos, y mientras avanzaban, el diálogo fluyó tan naturalmente como si fueran viejos amigos reuniéndose después de mucho tiempo. Alejandro compartió historias de su infancia en Marbella, de cómo creció entre esas mismas playas y calles empedradas.

"Marbella es más que un hogar para mí," explicó con un tono de voz que revelaba su profundo arraigo a la ciudad. "Es una musa, un constante recordatorio de que la belleza puede encontrarse en cada esquina, en cada sombra que se alarga al atardecer."

Laura escuchaba, fascinada no solo por sus palabras, sino también por la pasión con la que hablaba. Cada frase que Alejandro pronunciaba estaba impregnada de un amor palpable por su ciudad natal, y ella comenzaba a ver Marbella a través de sus ojos. Mientras caminaban, Alejandro señaló varios puntos de interés: un mural escondido detrás de una cortina de hiedra, la librería más antigua de la ciudad cuyos estantes estaban llenos de obras polvorientas y olvidadas, y una pequeña galería de arte contemporáneo que era su lugar favorito para encontrar inspiración.

"Y ahora," dijo Alejandro, deteniéndose frente a una vista particularmente impresionante donde la ciudad se encontraba con el mar, "quiero mostrarte mi lugar favorito en todo Marbella. Es aquí donde vengo a pensar, a soñar y a veces, a escribir."

El lugar ofrecía una vista panorámica del Mediterráneo, cuyas aguas azules brillaban con el reflejo del sol poniente. El aire estaba impregnado del olor del mar, un aroma salado que se mezclaba con el dulce perfume de las flores cercanas. Era un rincón de paz que parecía alejado del bullicio de la vida cotidiana, un pequeño santuario donde el tiempo parecía detenerse.

"Es hermoso," murmuró Laura, su voz llevada por la brisa. "Puedo ver por qué este lugar significa tanto para ti."

Alejandro asintió, mirando hacia el horizonte. "Cuando era niño, mi abuelo me traía aquí. Me contaba historias de marineros y lejanos continentes. Creo que fue él quien plantó en mí la semilla de convertirme en escritor."

Laura lo miró, notando la melancolía suave en sus ojos al recordar. "Los abuelos tienen una forma especial de hacer eso, ¿no es así? De dejarnos legados que no comprendemos completamente hasta que somos mayores."

"Exactamente," dijo él, con una sonrisa. Se sentaron en un banco de piedra, observando cómo las olas lamían suavemente la orilla. El cielo comenzaba a cambiar de colores, pintándose de tonos de rosa, naranja y púrpura, un lienzo en vivo que solo la naturaleza podía crear.

Mientras el sol se hundía más bajo en el cielo, la conversación entre Laura y Alejandro se profundizó. Hablaron de sus aspiraciones, de los desafíos que enfrentaban en sus respectivas carreras y de cómo sus pasiones por el arte y la escritura no solo eran profesiones, sino llamados que daban sentido a sus vidas.

"Creo que en otra vida, podría haber sido pintor," confesó Alejandro en un momento, "pero las palabras siempre fueron mi verdadero amor. Son como pinceladas en un lienzo en blanco, ¿no lo crees? Cada frase, cada historia, crea una imagen que puede emocionar, inspirar o incluso cambiar a alguien."

Laura asintió, completamente de acuerdo. "Para mí, cada restauración es como descifrar un misterio. Cada pincelada antigua tiene una historia que contar, y es mi trabajo descubrirla y preservarla para que otros puedan apreciarla."

El sol finalmente se puso, dejando el cielo teñido con las últimas luces del día. Alejandro y Laura permanecieron en silencio por un momento, simplemente disfrutando de la compañía del otro y del tranquilo sonido del mar. Era claro que, aunque provenían de mundos diferentes, compartían un entendimiento mutuo y una conexión que raramente se encuentra.

"¿Sabes?," empezó Alejandro, rompiendo el silencio. "Hay algo sobre ti, Laura. Algo que me dice que este encuentro no fue solo casualidad. Siento como si de alguna manera, estuviéramos destinados a conocernos."

Laura se volvió hacia él, sorprendida por la intensidad de su declaración, pero a la vez emocionada por la posibilidad de que fuera cierto. "Me alegra que pienses eso," dijo suavemente. "Porque yo siento lo mismo."

Ambos sonrieron, un acuerdo tácito formándose entre ellos. A medida que la noche caía sobre Marbella, ambos sabían que este era solo el comienzo de algo especial. Algo que, con el tiempo, podría revelarse tan duradero y profundo como las obras de arte que Laura trabajaba tan arduamente por conservar y las historias que Alejandro tejía con tanta pasión. Y mientras se levantaban del banco para regresar a la ciudad, el vínculo que habían comenzado a formar esa tarde se sentía como el preludio de muchas más conversaciones, descubrimientos y, quizás, incluso aventuras juntos.

En la suave oscuridad de una terraza que mira hacia el eterno mar de Marbella, Laura y Alejandro se encuentran inmersos en una conversación que fluye más como una melodía que como un simple intercambio de palabras. Es un diálogo que va más allá de lo superficial, tocando las fibras más íntimas de sus seres. Los temas se entrelazan, desde sus pasiones profesionales hasta los rincones más escondidos de sus deseos personales.

Laura, con una copa de vino en mano, se siente cautivada por la manera en que Alejandro describe sus historias. Hay un fuego en sus ojos, una pasión que trasciende el acto de contar historias y se convierte en un arte en sí mismo. "Cuando escribo," dice Alejandro con un tono de voz que parece acariciar cada palabra, "intento no solo contar una historia, sino también despertar algo en el lector. Quiero que sientan, que vivan el mundo que he creado."

Ella asiente, profundamente impresionada por su dedicación. "Es lo mismo para mí con cada proyecto de restauración. No es solo sobre preservar el pasado, es sobre darle vida nuevamente, permitir que esas obras de arte sigan contando sus historias."

A medida que la noche se despliega ante ellos, el aire se carga con una promesa no pronunciada, un entendimiento tácito de que lo que están compartiendo podría transformarse en algo significativo. La luna, apenas visible detrás de unas nubes dispersas, es testigo de este baile delicado de revelaciones.

El deseo de entenderse más profundamente los lleva a compartir no solo detalles de sus carreras sino también de sus vidas personales. Alejandro habla de su niñez en Marbella, de los veranos infinitos jugando en estas mismas playas y de cómo esas experiencias tempranas alimentaron su amor por contar historias. Laura comparte su viaje, desde estudiar en Madrid hasta los desafíos que enfrentó como mujer en el campo de la restauración de arte, un dominio frecuentemente dominado por hombres.

"¿Sabes?" dice Laura, pausando para elegir sus palabras con cuidado. "Hay algo increíblemente hermoso en cómo las historias, ya sean contadas a través de palabras o a través del arte, pueden conectar a las personas. Pueden construir puentes entre diferentes mundos, diferentes épocas."

Alejandro asiente, sus ojos reflejando la luz de las velas que titilan entre ellos. "Es exactamente por eso que escribo. Y quizás, por eso nos hemos encontrado esta noche. Para descubrir una nueva historia juntos."

El aire entre ellos se llena de posibilidades, de futuros capítulos esperando ser escritos. Ambos sienten la profundidad de este momento, reconociendo que están al borde de algo grande, algo que podría ser tan transformador como el arte que ambos aman y respetan.

Y mientras la noche se cierra a su alrededor, ambos se dan cuenta de que este es solo el comienzo de una pasión que promete ser tan duradera y vibrante como las historias que Alejandro escribe.

CAPÍTULO 2
Invitación al Deseo

Con meticulosa atención, Alejandro seleccionó un papel de textura sutil y un diseño que reflejaba tanto su estilo artístico como el respeto y la admiración que sentía por Laura. La invitación estaba adornada con un delicado grabado de una de sus obras más emblemáticas, un símbolo de la luz y la sombra que caracterizaba su reciente trabajo, pero también de los matices que comenzaba a descubrir en su relación con Laura.

Mientras tanto, Laura continuaba con su proyecto en el faro, cada día desentrañando más de su historia y belleza oculta. Sin embargo, sus pensamientos se desviaban con frecuencia hacia Alejandro. Recordaba la intensidad de su mirada, la pasión con la que hablaba de su arte, y la manera en que sus palabras parecían danzar en el aire, resonando con las profundidades de su propio corazón. La invitación, al llegar, no solo confirmó la seriedad de sus intenciones, sino que también encendió una chispa de anticipación por lo que esa noche podría significar para ambos.

Laura se encontró frente al espejo, sosteniendo la tarjeta entre sus manos, leyendo y releyendo el mensaje que Alejandro había escrito. Era una invitación a unirse no solo a un evento, sino a una experiencia que prometía ser memorable. Con una mezcla de nervios y emoción, comenzó a planificar su atuendo para esa noche, buscando algo que expresara su personalidad pero que también resonara con el ambiente artístico de la exposición.

Mientras Laura seleccionaba su vestido, la elección de un azul medianoche parecía capturar la esencia del evento: profundo y misterioso, pero iluminado con destellos sutiles que capturaban la luz a cada movimiento, reflejando las dualidades presentes en la obra de Alejandro. El vestido no solo era un símbolo de su aprecio por el arte, sino también una armadura cuidadosamente elegida para esta noche especial, donde cada detalle contaba una historia.

Por otro lado, Alejandro revisaba los últimos detalles de la exposición en la galería. Ajustaba la iluminación para que cada obra brillara en su máximo esplendor, asegurándose de que la disposición de las piezas facilitara un flujo natural que invitara a los invitados a sumergirse completamente en la experiencia. Su corazón latía con la anticipación de compartir su visión artística con Laura, esperando que ella viera y sintiera la profundidad de las emociones que había canalizado en su arte.

La galería, situada en el corazón de la ciudad, estaba vestida para impresionar. Las paredes, usualmente blancas y neutras, esa noche parecían cobrar vida bajo la luz suave y estratégicamente colocada que acentuaba cada pintura, cada escultura. Alejandro había decidido incluir una pieza central, un gran lienzo que exploraba el tema de la luz emergiendo de la oscuridad, una metáfora de su reciente encuentro con Laura y cómo ella había traído nueva luz a su vida.

Mientras tanto, Laura se preparaba en su apartamento, situado a pocos minutos de la galería. Su ritual de preparación era meticuloso y reflexivo. Cada accesorio, desde sus pendientes hasta sus zapatos, había sido seleccionado para complementar no solo su vestido sino también para resonar con la temática de la exposición. Optó por accesorios simples pero elegantes, que añadían un toque de sofisticación sin sobrecargar su conjunto.

Finalmente, la noche llegó, y con ella, un cúmulo de expectativas y emociones. Laura llegó a la galería, su presencia anunciada con la suave caída de su vestido contra el pavimento al caminar. Alejandro, que estaba recibiendo a los primeros invitados, no pudo evitar buscarla con la mirada, su ansiedad creciendo con cada minuto que pasaba sin verla.

Cuando finalmente la vio, todo lo demás pareció desvanecerse. Laura se acercó con una sonrisa que iluminaba su rostro, reflejando la misma emoción y expectativa que él sentía. La recepción en la entrada fue breve pero intensa, con un intercambio de miradas que comunicaba más que palabras. Alejandro la tomó del brazo y juntos comenzaron el recorrido por la exposición.

A medida que avanzaban de obra en obra, Alejandro explicaba sus inspiraciones, los desafíos técnicos, y las historias detrás de cada creación. Laura escuchaba atentamente, su admiración por el talento y la pasión de Alejandro creciendo con cada pieza que veían. La conexión entre ellos se intensificaba, cada comentario y observación de Laura sobre el arte le daba a

Alejandro una visión más profunda de su mundo interior, su sensibilidad y su intelecto.

La galería estaba viva con el murmullo de los invitados, impresionados por la maestría de las obras expuestas, pero para Alejandro, el mundo se había reducido a él y a Laura, a su diálogo y a la conexión palpable que flotaba entre ellos. Cada obra de arte parecía ser un espejo de sus emociones crecientes, un reflejo de la complejidad y la belleza de lo que estaba floreciendo en sus corazones.

Al llegar a la pieza central de la exposición, una gran pintura que Alejandro había titulado "Encuentro de Sombras", se detuvieron para contemplarla juntos. La obra representaba dos figuras emergiendo de la oscuridad hacia una luz suave y cálida, sus formas casi tocándose, pero aún separadas por un velo de sombras. Alejandro compartió con Laura el proceso creativo detrás de la pintura, cómo había luchado con la idea de la intimidad y la vulnerabilidad que requería un verdadero encuentro entre dos seres.

"Esta obra," dijo Alejandro, "es muy especial para mí. Representa el momento preciso en que dos almas están a punto de comprenderse realmente, de conectarse en un nivel más profundo. Es un momento de transición, de incertidumbre pero también de enorme esperanza."

Laura escuchó, tocada por la honestidad y la emoción en su voz. "Es increíblemente hermosa," respondió, "y muy conmovedora. Me hace pensar en cuánto nos arriesgamos al abrirnos a otro, y cuán bello puede ser cuando ese riesgo se convierte en una verdadera conexión."

La conversación les permitió profundizar aún más, cada palabra y cada compartimiento de percepciones reforzando el lazo que los unía. Alejandro, inspirado por la presencia y las respuestas de Laura, se encontró revelando partes de su alma que raramente mostraba. Laura, por su parte, se sentía cada vez más cautivada, no solo por el arte, sino por el hombre detrás del artista.

A medida que la noche avanzaba, la exposición comenzó a despedir a sus últimos visitantes, y la galería se tornó más tranquila, más íntima. Alejandro y Laura decidieron caminar un poco por los jardines adyacentes a la galería, donde las luces de las farolas esparcían un resplandor dorado sobre los senderos.

Caminando lado a lado, entre susurros de hojas y el suave crujir de sus pasos sobre el camino de grava, Alejandro se detuvo y se volvió hacia Laura. Tomando sus manos entre las suyas, miró profundamente a sus ojos. "Laura," comenzó, su voz baja y cargada de emoción, "esta noche ha significado mucho para mí, más de lo que puedo expresar con palabras. Quiero explorar lo que está surgiendo entre nosotros, quiero conocer cada parte de ti."

Laura, emocionada y llena de una esperanza nueva y brillante, asintió, su corazón latiendo con fuerza en su pecho. "Yo también quiero eso, Alejandro. Siento que esta noche ha sido solo el comienzo de algo maravilloso."

Bajo el cielo estrellado, en el tranquilo jardín de la galería, Alejandro y Laura se prometieron dar cada paso necesario para descubrir y nutrir la conexión que habían encontrado. Era una promesa de deseo, una invitación a sumergirse más profundamente el uno en el otro, y una esperanza compartida de días llenos de arte, amor y descubrimiento.

CAPÍTULO 3
Encuentros del Arte y el Corazón

Alejandro llevó a Laura frente a una escultura que había captado su atención desde el principio de la noche. Era una pieza abstracta que jugaba con la luz y la sombra, creando formas que cambiaban según el ángulo desde el que se miraba. "Esta obra se llama 'Intersecciones'", comenzó Alejandro, su voz llena de entusiasmo. "Cada ángulo revela una nueva perspectiva, recordándonos que nuestra comprensión de la realidad está en constante flujo, siempre sujeta a la luz que elegimos para iluminar."

Laura observó la escultura, asintiendo lentamente mientras sus ojos seguían las líneas que se entrecruzaban. "Es como las personas", reflexionó en voz alta. "Mostramos diferentes facetas de nosotros mismos dependiendo de quién nos mire y cómo nos vean. A veces, incluso nosotros nos sorprendemos al descubrir nuevos aspectos de nuestra propia naturaleza."

Alejandro la miró, impresionado por su capacidad para conectar el arte con la introspección humana. "Exactamente, eso es lo que amo de hacer arte: no solo crea belleza o evoca emociones, sino que también ofrece nuevas formas de ver el mundo y a nosotros mismos. Es un vehículo para el descubrimiento personal y colectivo."

La galería se llenó de un silencio cómodo mientras ambos contemplaban la escultura, perdidos en sus pensamientos. Era evidente que el arte estaba facilitando un diálogo más profundo entre ellos, un diálogo que iba más allá de las palabras, tocando las fibras de sus seres internos. La habilidad de Alejandro para crear un espacio donde las emociones y las ideas podían fluir libremente no solo mostraba su talento como artista, sino también su sensibilidad como persona.

A medida que continuaban su recorrido por la galería, cada obra parecía estar cuidadosamente elegida para narrar una parte de la historia de Alejandro, cada una revelando algo más sobre él. Laura se sentía cada vez más conectada con él, no solo a través de la admiración profesional, sino también a nivel personal. La galería se había convertido en un espacio sagrado, un lugar donde era posible ser vulnerables y abiertos de una manera que raramente se permitían con otros.

Pronto llegaron a otra pieza destacada, un gran lienzo que dominaba una de las paredes de la galería. La pintura era un tumulto de colores vibrantes chocando contra tonos oscuros, una batalla visual que capturaba la lucha interna entre la esperanza y la desesperación. Alejandro se detuvo, su mirada fija en la obra. "Esta pintura es muy personal", admitió con una voz más baja. "La creé durante un período de gran turbulencia personal. Fue una forma de procesar mis emociones, de enfrentar mis miedos y encontrar un camino hacia la luz, incluso en los momentos más oscuros."

Laura se acercó al cuadro, observando cada trazo, cada mezcla de colores. "Es increíblemente poderosa", dijo suavemente. "Puedo sentir la emoción en cada pincelada. Es como si estuviera hablando directamente con aquellos que también han conocido la oscuridad y están buscando su propia luz."

El compartir de Alejandro sobre su proceso creativo y personal reforzó el lazo que se estaba formando entre ellos. No solo estaba mostrando sus obras; estaba compartiendo su alma. Y para Laura, cada revelación de Alejandro no solo aumentaba su respeto por él como artista, sino que también profundizaba su afecto por él como persona. En este espacio, entre las creaciones de Alejandro, ellos encontraban no solo arte, sino también corazón, un corazón que latía fuertemente dentro de cada obra, dentro de cada palabra, dentro de cada silencio compartido esa noche mágica.

En la terraza, bajo el manto de la noche y rodeados por el suave murmullo de la ciudad a lo lejos, la conversación se volvió más reflexiva y cargada de emociones. Alejandro escuchaba atentamente mientras Laura compartía las historias de los desafíos que había enfrentado, los prejuicios que había tenido que superar y la pasión que la impulsaba a seguir adelante, a pesar de los obstáculos. Este intercambio no solo profundizaba su respeto mutuo, sino que también les permitía ver cómo sus luchas individuales resonaban con los temas de luz y oscuridad presentes en las obras de la exposición.

"A veces, siento que cada pincelada, cada línea que dibujo, es una forma de reafirmar mi existencia, de declarar que estoy aquí y que tengo algo valioso que decir," confesó Alejandro, su voz mezclada con la brisa nocturna. "Y escucharte, ver cómo enfrentas tus propias batallas con tanta determinación, me inspira a creer que el arte realmente puede ser un reflejo de nuestras luchas internas y nuestras victorias."

Laura sonrió, conmovida por la conexión que estaba emergiendo entre ellos, no solo a través del arte sino también a través de sus experiencias compartidas. "Y tú me inspiras a mí," respondió. "Me recuerdas que cada obra de arte, cada restauración, no solo conserva algo bello del pasado, sino que también puede ser un símbolo de resistencia y resiliencia."

Mientras hablaban, Alejandro tomó la mano de Laura, un gesto sutil pero lleno de significado. Juntos, se acercaron al borde de la terraza, mirando hacia el cielo estrellado. "¿Ves aquella constelación?", preguntó Alejandro, señalando hacia el norte. "Es llamada el Pintor. Siempre me ha gustado pensar que incluso en el vasto universo, hay un lugar para los artistas."

Laura, siguiendo su mirada, encontró la constelación. La idea de que el cielo nocturno pudiera contener un homenaje a los creadores como ellos le pareció profundamente poética y apropiada. "Es perfecto," dijo ella. "Un recordatorio de que, no importa cuán solos nos sintamos a veces, siempre somos parte de algo más grande, algo eterno."

El momento fue interrumpido suavemente por una ráfaga de viento que trajo consigo el aroma de las flores nocturnas del jardín abajo. Alejandro y Laura se volvieron para enfrentarse, sus rostros iluminados por la luz tenue que escapaba de las puertas de la galería. Fue entonces cuando Alejandro, movido por la emoción del momento y la sinceridad en los ojos de Laura, se inclinó para besarla. Fue un beso suave, casi temeroso de romper el encanto del momento, pero cargado de promesas y posibilidades.

Laura respondió al beso con una gentileza que hablaba de su creciente afecto y confianza en Alejandro. Cuando se separaron, ambos sabían que algo significativo había cambiado entre ellos. No solo habían compartido sus pensamientos y sentimientos más íntimos, sino que ahora, bajo el testigo de las estrellas y la vastedad del cielo, habían entrelazado sus almas de una manera que ninguno de los dos había anticipado esa noche.

La cita en la galería, que había comenzado como una oportunidad para compartir el arte y la creatividad, se había transformado en un encuentro del corazón, donde las barreras habían caído y la pasión, que había estado latente, finalmente encontró su expresión en un momento de unión y revelación.

El silencio que siguió a su beso estaba lleno de palabras no dichas, emociones que vibraban en el aire como la suave música de las cuerdas de un violín lejano. Se miraron a los ojos, encontrando en la mirada del otro la confirmación de los sentimientos que habían comenzado a florecer entre ellos. Alejandro, con un gesto suave, acarició la mejilla de Laura, sintiendo la suavidad de su piel bajo sus dedos, una conexión física que complementaba la emocional.

"Esta noche ha sido increíble," murmuró Laura, su voz un susurro que apenas rompía el silencio de la noche.

"No solo por el arte, que es excepcional, sino por todo lo que hemos compartido."

Alejandro asintió, su expresión seria pero llena de calor. "Siento lo mismo. Es como si hubiéramos abierto una puerta a algo nuevo, algo que ni siquiera sabíamos que estábamos buscando."

La conversación se desplazó entonces hacia el futuro, hablando de lo que cada uno esperaba y deseaba. Discutieron sobre la posibilidad de colaborar en proyectos que fusionaran arte y restauración, de explorar nuevas ideas y de apoyarse mutuamente en sus carreras y crecimientos personales. Era un diálogo de posibilidades, un tejido de sueños que podrían tejer juntos.

"A veces, la vida te sorprende," dijo Alejandro, mirando las estrellas. "Te trae personas y momentos que cambian tu dirección, que te hacen ver las cosas de una manera diferente. Esta noche, contigo, siento que todo es posible."

Laura sonrió, su corazón lleno de una mezcla de anticipación y serenidad. "Me alegra que nos hayamos encontrado, Alejandro. No solo has cambiado mi visión del arte, sino que también has tocado mi corazón de una manera que no esperaba."

Decidieron permanecer en la terraza un poco más, disfrutando de la compañía del otro, del arte que los rodeaba y del cielo que extendía su manto protector sobre ellos. La ciudad debajo brillaba con luces que parpadeaban como estrellas distantes, un espejo del cielo sobre ellos.

Finalmente, con la noche avanzando hacia su fin, se despidieron con un nuevo beso, esta vez más seguro, más profundo, sellando las promesas hechas y los sueños compartidos. Laura caminó hacia su auto, volviendo la cabeza una vez más para ver a Alejandro, quien la observaba desde la terraza. Él levantó la mano en un gesto de despedida, y ella respondió de la misma manera, cada uno llevándose consigo la certeza de que esta noche era solo el comienzo.

Alejandro observó cómo Laura desaparecía en la distancia, sintiendo una mezcla de gratitud y asombro por lo que la vida le había presentado. Sabía que mañana, y todos los días después de eso, serían diferentes porque Laura ahora era parte de su mundo. Y mientras la luz de las estrellas seguía brillando en el cielo, sintió cómo las sombras de su pasado se disipaban, dando paso a un nuevo amanecer lleno de color y esperanza.

Así cerraban el capítulo, no solo de la noche, sino de un segmento de sus vidas, listos para comenzar uno nuevo, juntos, lleno de arte, corazón y un amor que prometía crecer y expandirse como el universo mismo.

CAPÍTULO 4
Verdades al Desnudo

Una tarde tranquila y refrescante marcó el encuentro de Alejandro y Laura en el pequeño café que había sido testigo de sus primeras conversaciones significativas. Sentados en un rincón acogedor, rodeados por el suave murmullo de las otras mesas y el aroma del café recién hecho, ambos se preparaban para profundizar en sus historias personales, adentrándose en un diálogo que revelaría más de sus almas de lo que cualquiera de ellos había anticipado.

Alejandro, con una mirada intensa y honesta que capturaba completamente la atención de Laura, comenzó a relatar los contornos de su infancia, marcada por la presencia imponente de un padre cuyo talento era tan grande como sus expectativas. "Mi padre fue un artista consumado, reconocido en nuestra comunidad y más allá," comenzó Alejandro, su voz teñida de respeto y una leve tensión. "Crecer bajo su sombra fue un privilegio en muchos sentidos, pero también una carga pesada que llevé desde muy joven." El artista compartió cómo desde temprana edad fue introducido al mundo del arte no solo como espectador sino como un participante activo, empujado a alcanzar estándares de excelencia a veces inalcanzables. "Cada sesión en su estudio se convertía en una lección, no solo en técnica sino en la búsqueda incansable de la perfección. Vivir a la altura de su legado fue un desafío que moldeó cada aspecto de mi vida, llenándola de una ambición que a menudo rozaba con el agobio," explicó, mirando hacia el vacío por un momento, como si pudiera ver su pasado desplegándose frente a sus ojos. Laura, sintiendo la profundidad de su vulnerabilidad, tomó su mano en un gesto de apoyo, animándolo a continuar. En respuesta, Alejandro apretó su mano agradecidamente y prosiguió. "Él creía en la disciplina férrea y en el sacrificio como los únicos caminos hacia el éxito. A veces, eso significaba sacrificar la niñez misma, los juegos y el descanso por horas de práctica y estudio."

Mientras Alejandro hablaba, Laura percibía más claramente las luchas internas que había enfrentado, la presión de equilibrar el amor por el arte con el peso de las expectativas familiares. "No me malinterpretes, estoy agradecido por cada lección que aprendí, por cada momento en su estudio. Pero llevó tiempo, mucho tiempo, darme cuenta de que también podía encontrar mi propio camino en el arte, uno que no necesariamente seguía sus pasos exactos."

La conversación reveló no solo la formación de Alejandro como artista sino también su evolución personal, desde las sombras de una figura paterna gigantesca hasta encontrar su propia luz y su propia voz en el vasto mundo del arte. Laura, movida por su historia, compartió su admiración y su empatía. "Es increíblemente valiente enfrentarse no solo a las expectativas del mundo sino también a las que llevamos dentro, las que heredamos de las personas que más admiramos y amamos," dijo, sus palabras llenas de calidez y entendimiento.

Este intercambio, aunque doloroso en recuerdos, fortaleció su conexión, permitiendo que ambos se vieran no solo como artistas sino como seres humanos completos, con pasados complejos y aspiraciones profundas. La tarde se desvanecía lentamente en el exterior, pero dentro del café, iluminado por la luz dorada de las lámparas, el tiempo parecía suspenderse, dando a Alejandro y Laura todo el espacio que necesitaban para explorar las verdades que definían sus vidas.

La charla entre ellos continuó fluyendo naturalmente, revelando capas más profundas de sus personalidades y pasados. Alejandro explicó cómo, en varios momentos cruciales de su carrera, enfrentó no solo el rechazo externo sino también la dura crítica interna que había heredado de su padre. "Cada vez que un crítico desestimaba mi trabajo o una galería rechazaba mis piezas, las palabras de mi padre resonaban en mi cabeza, diciéndome que necesitaba ser mejor, más perfecto," confesó Alejandro, con una franqueza que mostraba cuánto confiaba en Laura para compartir tales inseguridades.

"Es un desafío constante," respondió Laura, "encontrar ese equilibrio entre lo que otros esperan de nosotros y lo que nosotros esperamos de nosotros mismos. Pero creo que el arte, en su esencia, debe ser una expresión de quién realmente somos, no de lo que otros quieren ver en nosotros." Su respuesta no solo ofrecía consuelo sino también un reflejo de su propia jornada hacia la autenticidad en su trabajo y vida.

A medida que la conversación se desarrollaba, Alejandro y Laura se dieron cuenta de que estaban construyendo algo más robusto y profundo que una simple amistad o relación profesional. Había una comprensión mutua y un respeto que solo podía provenir de compartir tan abiertamente sus experiencias más personales y desafiantes.

"Tu capacidad para entender y empatizar es algo que valoro profundamente," dijo Alejandro, mirando directamente a los ojos de Laura. "Siento que cada vez que hablamos, aprendo algo nuevo sobre mí mismo, algo que quizás había evitado enfrentar."

Laura sonrió, tocada por sus palabras. "Y yo aprecio tu valentía al abrirte de esta manera. No es fácil mostrar las partes de nosotros que consideramos imperfectas o incompletas. Pero creo que es en esas imperfecciones donde a menudo encontramos nuestra verdadera belleza y fuerza."

El ambiente en el café se había convertido en uno de apoyo y comprensión mutua. Alrededor de ellos, el mundo seguía su curso, pero en ese pequeño rincón, el tiempo parecía haberse detenido, permitiéndoles explorar los temas más profundos y personales de sus vidas.

Finalmente, después de horas de conversación profunda, Alejandro y Laura decidieron dar un paseo por la ciudad, disfrutando de la fresca noche.

Mientras caminaban por calles iluminadas por las suaves luces de los faroles, continuaron compartiendo ideas y planes para el futuro, no solo en términos de sus carreras sino también de lo que cada uno deseaba en la vida personal y cómo podrían apoyarse mutuamente en esos sueños y aspiraciones.

Este paseo nocturno selló la noche de confesiones y compartimientos, solidificando una conexión que se había fortalecido en la honestidad y la vulnerabilidad. Ambos sabían que lo que habían compartido esa noche tendría un impacto duradero en cómo veían no solo su arte sino también a cada uno en sus vidas. Con cada paso que daban bajo el cielo estrellado, Alejandro y Laura se sentían más cerca el uno del otro, más conectados y más comprometidos a explorar juntos el camino que se abría ante ellos.

Mientras caminaban por las calles tranquilas de la ciudad, Alejandro y Laura sintieron cómo el aire fresco de la noche envolvía sus pensamientos y emociones compartidas, dándoles un nuevo sentido de claridad y propósito. El suave resplandor de las estrellas sobre ellos parecía bendecir sus intenciones y sus sueños, como si el universo mismo estuviera alentando su unión y sus planes.

Alejandro, con un sentimiento de renovación y gratitud, volvió a tomar la mano de Laura. "No sé exactamente qué nos deparará el futuro, pero sé que enfrentarlo contigo a mi lado me da una fuerza que no había conocido antes," dijo, su voz firme pero llena de emoción. "Tus palabras, tu comprensión, me han mostrado que hay mucho más por lo que luchar, y mucho más que puedo ofrecer, tanto en el arte como en la vida."

Laura, igualmente movida por la profundidad de su conexión, asintió con una sonrisa que reflejaba tanto la

serenidad como la anticipación. "Alejandro, tener a alguien que no solo aprecia lo que creas, sino que también entiende por qué lo creas, es más raro y precioso de lo que puedes imaginar. Juntos, no solo podemos seguir creciendo como artistas, sino también como personas. Apoyarnos mutuamente en cada paso, en cada desafío, nos permitirá explorar nuevos horizontes con la confianza de que no estamos solos."
El diálogo continuó mientras caminaban, discutiendo ideas para proyectos colaborativos que podrían combinar sus talentos y pasiones. Hablaron de una exposición conjunta donde la restauración y la creación se entrelazarían, donde la historia y la innovación podrían dialogar de formas que antes no habían considerado. La excitación por estas posibilidades les llenaba de energía y de planes concretos para el futuro.
Al llegar a un pequeño parque, decidieron sentarse en una de las bancas bajo un árbol centenario cuyas hojas susurraban con la brisa nocturna. El entorno tranquilo era perfecto para contemplar y apreciar el momento especial que estaban viviendo. "Cada conversación contigo abre nuevos caminos, nuevas ideas que quiero explorar," compartió Alejandro, mirando a Laura con admiración y cariño. "Es como si cada palabra que compartimos plantara semillas para futuros proyectos, futuras alegrías."
Laura, tocada por sus palabras, le tomó la mano y la apretó suavemente. "Y cada momento que pasamos juntos me enseña más sobre el valor de compartir, de ser realmente visto por alguien. Eso es algo que valoro

inmensamente y que espero seguir cultivando contigo."

Finalmente, con el cielo comenzando a clarear en los primeros signos del amanecer, se levantaron de la banca y continuaron su camino de regreso. Sabían que la noche había sido un punto de inflexión en sus vidas, un momento de verdadera conexión que había cambiado la dinámica de su relación para siempre.

Al despedirse, se dieron un abrazo largo y lleno de significado, un abrazo que sellaba su compromiso de apoyarse, de inspirarse mutuamente, y de enfrentar juntos los desafíos y las celebraciones que traería el futuro. Con un último vistazo lleno de promesas y expectativas, cada uno tomó su camino hacia casa, llevando consigo la certeza de que lo compartido esa noche sería el cimiento sobre el que construirían algo extraordinario, tanto en el arte como en la vida.

CAPÍTULO 5
Retiro al Éxtasis

Mientras el sol descendía por detrás de las montañas, un silencio cómplice se tejía alrededor de Laura y Alejandro, marcando el comienzo de una noche que prometía ser tan reveladora como el día había sido exploratorio. Decidieron montar un pequeño campamento en ese mismo claro, extendiendo una manta sobre el suelo fresco y disponiendo de unos cuantos bocadillos que habían traído en sus mochilas. Sentados ahí, bajo el vasto cielo que comenzaba a llenarse de estrellas, continuaron compartiendo historias y secretos que nunca antes habían revelado a nadie.

Alejandro, con una mirada introspectiva hacia las llamas naranjas que se desvanecían en el horizonte, comenzó a contarle a Laura sobre los momentos que definieron su decisión de convertirse en artista, no como un capricho juvenil, sino como una verdadera llamada de su ser. "Había algo en el acto de crear, de transformar un lienzo blanco en un mundo de color y forma, que me hablaba más profundamente que cualquier otra cosa," dijo, su voz mezclada con el crujir de las ramas secas bajo ellos.

Laura escuchaba, cada tanto asintiendo o interponiendo sus propias experiencias, encontrando paralelismos en su camino como restauradora. "Para mí, siempre fue sobre conectar con el pasado, sobre traer de vuelta a la vida algo que se pensaba perdido," compartió, sus ojos reflejando la luz de las primeras estrellas. "Cada proyecto de restauración es como un diálogo con la historia, una forma de asegurar que las voces del pasado aún puedan ser escuchadas en el presente."

Mientras la noche se cerraba sobre ellos, decidieron encender una pequeña fogata para combatir el frío que descendía con la oscuridad. Las llamas proporcionaban una luz cálida y danzante que iluminaba sus rostros, creando un ambiente íntimo que favorecía la apertura y la sinceridad. Alejandro aprovechó la ocasión para profundizar en algunas de las luchas internas que había enfrentado durante su carrera, los momentos de duda y la soledad que a menudo acompañan a la vida del artista.

"Había días," confesó, mirando fijamente a las llamas, "en los que me sentía completamente solo, como si estuviera luchando contra un mundo que no entendía ni apreciaba lo que trataba de expresar. Pero siempre había algo, un pequeño destello de inspiración, que me mantenía adelante, que me recordaba por qué es tan importante seguir creando."

Laura, movida por su vulnerabilidad, se acercó más a él, extendiendo su mano hacia la de Alejandro, entrelazando sus dedos con los suyos en un gesto de apoyo y conexión. "Creo que eso es algo que todos los que elegimos un camino creativo compartimos," dijo suavemente. "Es esa mezcla de pasión y dolor, de aislamiento y conexión, lo que nos mantiene adelante, lo que nos impulsa a seguir explorando y creando."

Juntos, pasaron horas junto al fuego, hablando, riendo y, a veces, simplemente sentados en silencio, escuchando los sonidos del bosque nocturno. Era como si cada palabra, cada mirada y cada toque profundizaran su conexión, construyendo un puente de entendimiento y afecto que se sentía tan natural y necesario como el aire que respiraban.

Cuando finalmente decidieron regresar a la cabaña, lo hicieron con la sensación de que algo precioso y significativo había crecido entre ellos durante esa escapada. No solo habían compartido paisajes y anécdotas, sino que habían entrelazado sus almas de una manera que ninguno de los dos había anticipado. Mientras caminaban de regreso bajo un cielo ahora repleto de estrellas, ambos sabían que aquel retiro al éxtasis había sido solo el comienzo de una exploración mucho más profunda, tanto de su amor como de la vida que podrían construir juntos.

A medida que la noche se profundizaba, el fuego en la chimenea chisporroteaba y jugaba con las sombras de la cabaña, añadiendo un toque mágico a su conversación. Alejandro y Laura, sentados cómodamente frente al fuego, compartían no solo un vino exquisito, sino también tejían una conexión emocional profunda y duradera.

Alejandro tomó un sorbo de su vino, dejando que el calor del líquido se mezclara con el calor de la conversación. "Cada momento que paso contigo," comenzó, su voz llena de emoción, "me enseña algo nuevo sobre mí mismo. Es como si cada segundo a tu lado fuera una revelación, no solo de quién soy, sino de quién puedo llegar a ser."

Laura, emocionada por su sinceridad, compartió su propio sentimiento de descubrimiento. "Alejandro, estar aquí contigo en este retiro me ha permitido ver la vida desde una perspectiva completamente nueva. Es como si todo el ruido del mundo se hubiera apagado, dejándome escuchar por fin las verdades de mi propio corazón."

A medida que el vino fluía y la noche avanzaba, cada uno se aventuró más en la vulnerabilidad. Alejandro relató un episodio de su juventud, un momento de fracaso crítico que casi lo hace abandonar su carrera artística. Describió cómo, después de una exposición particularmente desastrosa, se sintió completamente derrotado, cuestionando su talento y su futuro.

"Estaba listo para renunciar," confesó Alejandro, la luz de la chimenea reflejándose en sus ojos. "Pero entonces, algo dentro de mí se negó a ceder. Fue un despertar, un momento feroz de autodescubrimiento. Me di cuenta de que el arte, mi arte, no podía ser definido ni detenido por un solo revés, por duro que fuera."

Laura escuchaba, cada palabra de Alejandro resonando en ella, inspirándola a compartir también sus momentos de duda. Habló de una restauración particularmente desafiante, un proyecto que muchos creían imposible. "Fue una batalla, no solo contra la degradación del tiempo en la obra, sino contra mi propia inseguridad. Al final, no solo restauré la obra, sino que también restauré una parte de mi espíritu que había comenzado a flaquear."

"Creo que nuestras batallas, las visibles y las internas, nos moldean de maneras que nunca podríamos anticipar," reflexionó Alejandro, mirando las llamas danzar. "Son como el fuego frente a nosotros—peligroso y destructivo, sí, pero también capaz de purificar y dar forma a algo nuevo y hermoso."

Laura asintió, sus pensamientos alineados con los de él. "Y cada vez que superamos un desafío, no solo nos fortalecemos, sino que también ampliamos nuestra capacidad para amar, para comprender, para compartir nuestra verdadera esencia con alguien más."

El diálogo continuó, cada tema fluyendo hacia el siguiente de manera fluida y natural, como si cada palabra fuera un paso más en su camino compartido. Hablaron sobre el futuro, sobre los sueños que cada uno tenía y cómo, juntos, podrían ayudarse mutuamente a alcanzar esos sueños. Planearon más proyectos conjuntos, más aventuras, más oportunidades para explorar el mundo y a sí mismos.

Cuando finalmente se retiraron a dormir, envueltos en el cálido abrazo de las mantas y el silencio reconfortante de la cabaña, ambos se sintieron profundamente agradecidos por el retiro. Era evidente que los días que habían pasado juntos en ese lugar aislado no solo habían servido para rejuvenecer sus cuerpos y mentes, sino que también habían revitalizado y profundizado su relación de maneras que seguirían descubriendo mucho tiempo después de haber dejado la cabaña y sus noches ante la chimenea.

En esa última tarde, mientras empacaban sus pertenencias y contemplaban la cabaña que había sido su santuario, Alejandro y Laura se detuvieron para apreciar la quietud del lugar una vez más. Se tomaron un momento para estar de pie en el umbral, mirando hacia el bosque que se extendía vasto y sereno frente a ellos. Era un símbolo del camino que habían recorrido juntos estos días, un camino lleno de autodescubrimiento y unión.

Laura se volvió hacia Alejandro, sus ojos llenos de una emoción que reflejaba la profundidad de lo que habían compartido. "No quiero que esto termine," confesó, su voz temblorosa ante la anticipación de la despedida del retiro. "Estos días han cambiado algo fundamental entre nosotros, algo hermoso y real."

Alejandro la abrazó, sintiendo la reciprocidad de sus sentimientos. "No tiene por qué terminar," dijo suavemente. "Lo que hemos encontrado aquí, esta conexión, podemos llevarla con nosotros. No está confinada a este lugar."

Decidieron dar un último paseo por el bosque, capturando en sus memorias el crujido de las hojas bajo sus pies, el susurro del viento entre los árboles, y la luz del sol filtrándose a través de las ramas. Hablaban poco, permitiendo que el entorno hablara por ellos, cada rincón del bosque un recordatorio de los momentos de tranquilidad y pasión compartidos.

Al volver a la cabaña, Alejandro sacó un pequeño cuaderno y comenzó a escribir. Era un intento de capturar las emociones y aprendizajes de los últimos días, de no dejar que los detalles se evaporaran con la rutina diaria a su regreso. Laura, observándolo escribir, se sintió inspirada y comenzó a dibujar en otra página del cuaderno, sus trazos capturando la esencia del lugar y sus momentos compartidos.

Cuando finalmente llegó el momento de partir, cerraron la puerta de la cabaña con un sentimiento agridulce, pero con la promesa de que aquel retiro era solo el comienzo de más aventuras juntos. En el coche, mientras descendían por la carretera de montaña, compartieron un silencio cómplice, lleno de la promesa de futuras exploraciones. Cada uno sabía que, aunque dejaban atrás la cabaña, llevaban consigo una parte imborrable de ella en sus corazones.

Esa noche, en su último acto en la cabaña, junto a la chimenea que había sido testigo de sus confesiones y promesas, Alejandro y Laura se comprometieron a mantener vivo el fuego de su amor, a no dejar que las exigencias del mundo apagaran la chispa que habían encendido en aquel retiro. Con las llamas reflejándose en sus ojos, sellaron su compromiso con un beso, un beso que no era un adiós, sino un hasta pronto, en un ciclo de amor que se prometieron continuar cultivando, sin importar lo que la vida les pusiera adelante.

CAPÍTULO 6
Tormenta de Sentimientos

Al ver la escena ante ella, Laura sintió cómo su corazón se hundía. Las risas y la familiaridad evidente entre Alejandro y Martina la golpearon con un peso inesperado. Sin decir una palabra, dio media vuelta y se marchó del estudio, dejando a Alejandro confundido y a Martina sorprendida por la reacción repentina.

Alejandro, al darse cuenta de la gravedad del malentendido, se apresuró a seguir a Laura, pero ella ya había desaparecido entre las calles de la ciudad. Martina, igualmente desconcertada, intentó explicar que su visita no tenía intenciones románticas, sino que simplemente quería cerrar un capítulo pendiente de su pasado común. Sin embargo, Alejandro apenas podía prestar atención a sus palabras; su mente estaba completamente enfocada en Laura y en el daño que este encuentro inoportuno podría haber causado a su relación.

Esa noche, Laura caminó sin rumbo por la ciudad, sus pensamientos enredados en una maraña de dudas y temores. ¿Había algo más entre Alejandro y Martina que no sabía? ¿Podía confiar en las palabras de Alejandro cuando las acciones parecían contar una historia diferente? La confianza que habían construido durante su tiempo juntos en la cabaña se sentía ahora frágil, amenazada por las sombras de un pasado que Laura había pensado que estaba bien resuelto.

Mientras tanto, Alejandro regresó a su estudio, desolado. Sabía que debía aclarar las cosas con Laura tan pronto como fuera posible. Su relación, tan rica en confianza y comprensión mutua, no podía terminar por un malentendido. Se sentó esa noche, redactando un mensaje a Laura, explicando la situación con sinceridad y pidiendo una oportunidad para hablar en persona. Su corazón se sentía pesado, consciente del dolor que había causado, pero también lleno de esperanza en la fortaleza de su vínculo con Laura.

Al día siguiente, después de una noche sin dormir, Laura recibió el mensaje de Alejandro. Las palabras de él resonaron con sinceridad, y aunque todavía dolida, decidió que valía la pena escuchar su lado de la historia. Acordaron encontrarse en un pequeño parque, un lugar neutral y calmado, ideal para conversaciones difíciles.

Allí, sentados en una tranquila banca bajo los árboles, Alejandro tomó las manos de Laura entre las suyas, mirándola directamente a los ojos. Comenzó a hablar, no solo sobre el encuentro con Martina sino también sobre su pasado, sus errores y lo que había aprendido de ellos. Con cada palabra, intentaba reconstruir el puente de confianza que se había dañado, esperando que la sinceridad de su corazón y la profundidad de sus sentimientos por Laura pudieran reparar el vínculo que ambos valoraban profundamente.

Laura escuchó atentamente, las palabras de Alejandro resonando en su mente mientras luchaba por reconciliar sus emociones turbulentas con la sinceridad que veía en sus ojos.

"Entiendo lo que dices, Alejandro, y quiero creerte," respondió Laura, su voz temblorosa por la emoción. "Pero ver a Martina allí, tan cómoda en tu espacio, riendo contigo... me hizo sentir como si no conociera parte de tu vida. Como si hubiera un capítulo del que no soy parte, y eso duele."

Alejandro asintió, reconociendo el dolor que había causado. "Es justo que te sientas así, y lamento profundamente no haber manejado la situación mejor. Martina fue una parte importante de mi pasado, pero eso es todo lo que es: pasado. No tiene lugar en el futuro que quiero construir contigo."

Tomó la mano de Laura sobre la mesa, un gesto de conexión y súplica por entendimiento. "Permíteme demostrarte cada día que mi compromiso contigo es real y profundo. No quiero que dudas como estas ensombrezcan lo que tenemos, lo que es honesto y verdadero entre nosotros."

Laura, aunque aún procesando, sintió un alivio al escuchar su promesa. La honestidad de Alejandro no solo mostraba su deseo de preservar su relación, sino también su voluntad de trabajar a través de los desafíos. "Necesito tiempo para digerir todo esto," admitió. "Pero aprecio que seas abierto conmigo. Eso significa mucho."

Alejandro aceptó con comprensión, agradecido por la oportunidad de dialogar y clarificar. "Tómate todo el tiempo que necesites," aseguró. "Estoy aquí, y estaré aquí, siempre dispuesto a hablar, a escuchar, y a hacer lo necesario para que esto funcione."

A medida que continuaban hablando, las tensiones iniciales comenzaron a disiparse, reemplazadas por un entendimiento mutuo y renovado. Decidieron no apresurar la reconciliación completa, reconociendo que el verdadero entendimiento y la confianza se construyen con el tiempo y la paciencia.

Al despedirse ese día, con un abrazo cargado de esperanza y una promesa tácita de más conversaciones y sanación, ambos sintieron que, a pesar de la tormenta de sentimientos, su amor tenía la resiliencia para enfrentar y superar las pruebas. Esta experiencia, aunque dolorosa, había abierto una nueva profundidad en su relación, una que con el cuidado y compromiso adecuados, podría florecer en algo aún más fuerte y significativo.

Renovados en su entendimiento y emociones compartidas, Alejandro y Laura se detuvieron un momento fuera del café, bajo el suave resplandor de las luces de la calle, reflexionando sobre la profundidad de lo que acababan de experimentar. Era una noche fresca, y la ciudad a su alrededor continuaba su bullicio habitual, inconsciente del momento crucial que ambos acababan de vivir.

"Esta noche, a pesar de todo, siento que hemos encontrado algo especial, algo real y sólido entre nosotros que no estaba tan claro antes," dijo Alejandro, su voz cargada de emoción. "Es como si hubiéramos pasado por una prueba de fuego, y en lugar de quemarnos, nos ha hecho más fuertes."

Laura asintió, sintiendo la misma renovación en su corazón. "Es verdad, Alejandro. Y creo que parte de lo que nos hace fuertes es nuestra capacidad de ser honestos el uno con el otro, de enfrentar los problemas juntos en lugar de dejar que se interpongan entre nosotros."

Decidieron caminar por las calles, disfrutando del aire fresco de la noche que parecía limpiar los últimos vestigios de tensión entre ellos. Mientras caminaban, hablaban de cómo podrían mejorar su comunicación y asegurarse de que los malentendidos no volvieran a poner en peligro su relación. Era evidente que ambos estaban comprometidos no solo a superar este desafío, sino también a aprender de él para riesgo futuros conflictos.

"Una cosa que he aprendido de esto," reflexionó Alejandro, "es que no importa cuán fuerte creo que es nuestra relación, siempre hay espacio para ser más abierto, más claro en nuestras intenciones y sentimientos. No quiero dar por sentado lo que tenemos."

Laura sonrió, apreciando su introspección. "Y yo he aprendido que es importante dar el beneficio de la duda, preguntar y hablar antes de asumir lo peor. Lo que sentí hoy cuando te vi con Martina... fue miedo. Miedo de perder lo que tenemos. Pero hablar contigo, escuchar tu verdad, me ha ayudado a superar ese miedo."

Continuaron su paseo, cada paso reafirmando su conexión. Hablaron sobre planes futuros, sobre cómo podrían incorporar estos aprendizajes en su día a día, tanto en momentos de calma como en tiempos de estrés. La ciudad, con sus luces y sombras, servía como un recordatorio de que la vida siempre tendría sus altibajos, pero que juntos podrían navegar cualquier cosa que viniera hacia ellos.

Al final de la noche, antes de despedirse, Alejandro y Laura se detuvieron en un puente sobre el río que cruzaba la ciudad. Mirando el agua tranquila abajo, Alejandro tomó las manos de Laura entre las suyas. "Prometo que, sin importar lo que venga, estaré aquí, siendo honesto y abierto contigo. Eres lo más importante para mí, y haré todo lo necesario para cuidar nuestro amor."

Laura, emocionada y segura en su compromiso renovado, correspondió a su promesa. "Y yo estaré aquí, confiando en ti y en nosotros. Juntos, podemos enfrentar cualquier tormenta."

Con un beso bajo las estrellas, sellaron su promesa, conscientes de que, aunque el camino por delante podría tener sus desafíos, su amor y su compromiso mutuo les darían la fuerza para superar cualquier adversidad. El episodio con Martina, ahora una lección aprendida, se convertiría en un mero recuerdo, un escalón en su camino compartido hacia un futuro juntos. Este compromiso, forjado en la sinceridad y fortalecido por la adversidad, no solo los mantendría unidos, sino que también sería la clave para un amor duradero y profundamente arraigado.

CAPÍTULO 7

Fuego de Compromiso

Alejandro miró a Laura con gratitud, conmovido por su comprensión y apoyo. "Tu apoyo significa todo para mí," dijo él, apretando su mano con firmeza. "Y aunque la idea de estar lejos es difícil, quiero que sepas que estarás en cada pensamiento, cada día. Parte de mi corazón siempre estará aquí contigo."

Continuaron su paseo, sumidos en un silencio denso mientras procesaban la gravedad de la situación. Era un hermoso día de otoño, las hojas pintaban el parque de tonos cálidos y la luz del sol filtraba a través de los árboles, creando un escenario sereno que contrastaba con la tormenta de emociones que ambos sentían.

"Debemos considerar todas las posibilidades," sugirió Laura, intentando adoptar un enfoque práctico. "Hablemos de cómo podríamos hacer que esto funcione. Comunicación constante, visitas... necesitamos un plan concreto si decidimos seguir adelante con esto."

Alejandro asintió, agradecido por la disposición de Laura para enfrentar juntos este desafío. "Estoy de acuerdo. Podemos usar videollamadas para mantenernos conectados y planificar visitas cada ciertos meses. También podemos compartir nuestro día a día a través de mensajes y fotos, asegurándonos de que cada uno esté presente en la vida del otro, sin importar la distancia."

La conversación se volvió más animada a medida que comenzaban a esbozar detalles, permitiéndoles sentir un control sobre algo que parecía, en un principio, tan abrumador. "Y no olvidemos la escritura," sugirió Laura. "Podemos escribirnos cartas, no solo correos electrónicos. Algo sobre escribir y recibir una carta física parece más íntimo, más personal."

"Me encanta esa idea," sonrió Alejandro. "Y tal vez podríamos empezar un proyecto juntos, algo que podamos hacer a distancia pero que nos mantenga creativamente conectados."

Sugirieron ideas como un diario fotográfico compartido o un blog colaborativo donde cada uno pudiera documentar su experiencia diaria, sus pensamientos y sentimientos. Esto no solo les permitiría mantener un registro de su año aparte, sino también ofrecería una ventana al mundo del otro, fortaleciendo su conexión.

Mientras el sol comenzaba a ponerse, lanzando un resplandor dorado sobre el parque, Alejandro y Laura se sentaron en un banco bajo un árbol de roble.

"Sabes, esto va a ser increíblemente duro," admitió Alejandro, mirando a Laura con intensidad. "Pero creo que si podemos superar esto, si podemos mantenernos unidos a través de esta prueba, entonces realmente no habrá nada que no podamos enfrentar juntos."

Laura asintió, sintiendo una mezcla de miedo y admiración por la resiliencia de su relación. "Esto nos pondrá a prueba, sí, pero también nos hará crecer. Y aunque me duele pensar en estar separados, también me emociona pensar en cómo esta experiencia nos enriquecerá a ambos. Reflexionar sobre cómo seremos cuando finalmente volvamos a estar juntos."

Alejandro tomó la cara de Laura entre sus manos, mirándola con una intensidad que reflejaba toda la profundidad de sus sentimientos. "Cuando regrese, seremos más fuertes, más sabios y aún más enamorados. Eso es lo que me impulsará cada día."

Acordaron esa noche que harían todo lo posible por superar la distancia. Se comprometieron a mantener una comunicación abierta y honesta, a apoyarse mutuamente en sus carreras y desarrollo personal, y a mantener vivo el fuego de su amor, sin importar los kilómetros que los separaran.

Finalmente, se levantaron del banco, tomados de la mano, más seguros de su relación que nunca. Caminaron de regreso a través del parque, ahora bañado en las sombras del crepúsculo, cada paso reafirmando su compromiso de enfrentar juntos lo que viniera. Sabían que el camino no sería fácil, pero también sabían que valía la pena cada esfuerzo, cada sacrificio. El fuego de su compromiso, una vez encendido, ahora ardía más brillante que nunca.

Mientras avanzaban en su conversación, Alejandro sacó una pequeña agenda y comenzó a anotar posibles fechas para sus visitas. "Vamos a ver esto como una oportunidad", sugirió con un toque de optimismo. "Cada visita puede ser una pequeña celebración, un momento para reconectar y crear nuevos recuerdos juntos."

Laura sonrió ante la idea, emocionada por la perspectiva de planificar futuros reencuentros.

"Podemos explorar nuevas ciudades juntos, o simplemente disfrutar de estar en casa, cocinando y viendo películas, como siempre hemos hecho", dijo, imaginando los momentos que les esperaban a pesar de la separación.

Además de planificar visitas, decidieron establecer una "cita" semanal a través de video llamadas, donde compartirían cómo había sido su semana, discutirían libros que estaban leyendo, o incluso verían una película al mismo tiempo. "Será como una cita nocturna, solo que un poco diferente", bromeó Alejandro, tratando de aligerar el ambiente con su humor.

También acordaron empezar un proyecto en conjunto que pudieran manejar a distancia, como un blog de fotografía o escritura, que documentara sus experiencias durante el año aparte. "Esto no solo nos ayudará a mantenernos creativamente conectados, sino que también nos dará algo emocionante sobre lo que hablar y planificar juntos", comentó Laura, entusiasmada con la idea de construir algo nuevo juntos, a pesar de la distancia.

Antes de terminar su encuentro, Alejandro y Laura se tomaron un momento para expresar cualquier inquietud o miedo que todavía pesara en sus mentes.

"Mi mayor miedo es que encuentres a alguien más", confesó Laura honestamente, su voz temblorosa por la vulnerabilidad de su admisión.

Alejandro tomó sus manos, mirándola directamente a los ojos. "Eso nunca sucederá", aseguró firmemente.

"Eres la única persona en mi corazón, Laura. No importa dónde esté, tú eres mi hogar."

Con lágrimas en los ojos pero una renovada sensación de seguridad, Laura asintió, sintiéndose fortalecida por su promesa. "Y yo estaré aquí, apoyándote en cada paso del camino. No solo sobreviviremos este año; vamos a prosperar, cada uno en nuestro camino, hasta que volvamos a estar juntos."

Renovados en su determinación y seguros en su amor, Alejandro y Laura se abrazaron fuertemente, sellando su compromiso con un beso lleno de promesas y esperanza.

Sus corazones estaban pesados por la inminente separación, pero también llenos de amor y confianza en el futuro que, juntos, estaban decididos a construir. Este fuego de compromiso, alimentado por la honestidad y fortalecido por el amor, sería su guía a través de cualquier desafío que la vida les presentase.

Mientras las llamas crepitaban suavemente, proporcionando un resplandor cálido y reconfortante, Alejandro sacó de su bolsillo un pequeño regalo envuelto, extendiéndolo hacia Laura. "Quiero que tengas esto," dijo, su voz cargada de emoción. Era un pequeño diario, encuadernado en cuero, con sus iniciales grabadas en la portada. "Para que escribas tus pensamientos, tus días, y me los cuentes cuando volvamos a estar juntos."

Laura aceptó el diario con manos temblorosas, tocada por el gesto. "Gracias, Alejandro. Haré lo mismo por ti," respondió, sacando un segundo regalo similar que había preparado para él. "Así podemos compartir nuestro día a día, aunque estemos lejos."

El intercambio de diarios simbolizaba su compromiso de permanecer conectados, de compartir sus vidas a través de las palabras, cerrando la distancia con sus pensamientos y experiencias. Se prometieron leer lo que el otro escribía solo cuando estuvieran juntos nuevamente, haciendo de cada reunión un momento de descubrimiento y conexión profunda.

"Esta distancia será difícil, pero sé que lo superaremos," dijo Alejandro, tomando la mano de Laura y mirándola a los ojos. "Porque cada día que pase será un día menos para verte de nuevo, y cada página de este diario será un paso más hacia ti."

Laura asintió, sus ojos brillando con lágrimas y determinación. "Vamos a hacer que cada momento cuente, no solo en esperar el futuro, sino en vivir plenamente el presente, aunque estemos separados. Vamos a llenar estos diarios no solo con nuestras faltas, sino con nuestras victorias, nuestras alegrías, y nuestros descubrimientos."

Así, en la calidez de su hogar compartido, pasaron su última noche juntos antes de la partida de Alejandro, hablando de todo y de nada, riendo y llorando, saboreando cada momento. Cuando finalmente llegó el momento de irse a dormir, se abrazaron fuerte, no queriendo soltar el uno del otro, un símbolo físico de su promesa de mantenerse emocionalmente unidos.

Al amanecer, mientras Alejandro cargaba sus maletas en el coche, ambos sentían un pesar por la inminente despedida, pero también una tranquila confianza en la fuerza de su relación. Se abrazaron una última vez, un abrazo largo y apretado, lleno de amor y promesas mudas.

"Te amo," murmuró Alejandro, "y eso es más fuerte que cualquier distancia."

"Te amo más," respondió Laura, con una sonrisa a través de sus lágrimas. "Y eso es lo que nos llevará a través de esto."

Con un último beso, se separaron físicamente, pero el fuego de su compromiso seguía ardiendo brillante y claro, alimentado por su amor y su determinación de enfrentar cualquier adversidad. Mientras Alejandro se alejaba, Laura se quedó viendo el coche desaparecer, sosteniendo el diario contra su pecho, sintiendo las palabras de Alejandro tan cerca como si él nunca se hubiera ido. Era un adiós por ahora, pero también un hasta pronto, con la certeza de que lo que habían construido juntos era indestructible, una llama eterna en sus corazones.

CAPÍTULO 8
Votos de Pasión Eterna

Era una tarde dorada en Marbella, el sol empezaba a descender lentamente hacia el horizonte, pintando el cielo con tonos cálidos de naranja y rosa. Alejandro había escogido un rincón apartado de la playa de Elviria, un lugar que resonaba con recuerdos especiales para ambos, donde el rumor del mar proporcionaba una melodía tranquila y constante. La arena, suave y cálida bajo los pies descalzos, se convertía en el escenario perfecto para lo que él había planeado.

Alejandro había llegado temprano para preparar todo meticulosamente. Espolvoreó pétalos de rosas blancas y rojas que formaban un camino sinuoso hasta un pequeño altar de madera adornado con más flores y velas encendidas, protegidas por delicados faroles de papel. Cada detalle estaba pensado para evocar la esencia de su amor: natural, sereno y profundamente enraizado en la belleza del entorno.

Mientras revisaba que todo estuviera en su lugar, Alejandro no podía evitar perderse en sus pensamientos. Reflexionaba sobre cómo había cambiado su vida desde que conoció a Laura. Recordaba el primer encuentro, aquel choque de miradas cargadas de curiosidad y un interés que había crecido y se había transformado en algo mucho más profundo y significativo. Pensaba en los desafíos que habían enfrentado y cómo cada uno de esos momentos había servido para fortalecer su vínculo.

"¿Estoy listo para esto?", se preguntaba, aunque en su corazón la respuesta siempre había sido un "sí" rotundo. Sabía que quería pasar el resto de su vida con Laura, explorando cada alegría y cada prueba juntos. "Ella es mi compañera, mi inspiración", pensaba. Quería que esos votos que estaba a punto de pronunciar resonaran no solo como promesas de un futuro juntos, sino como el reflejo de todo lo que ya habían construido.

Entre los elementos simbólicos que había preparado, había un pequeño cofre de madera que contenía cartas que se habían escrito durante su relación, momentos capturados en palabras que hablaban de amor, soporte y entendimiento mutuo. Planeaba entregarle este cofre como parte de su propuesta, un símbolo de los recuerdos que valoraban y los muchos más que estaban por crear.

Con todo listo, Alejandro se detuvo un momento, cerró los ojos y respiró profundamente, llenándose del aire salino y dejando que la serenidad del lugar calmara su nerviosismo. Estaba a punto de embarcarse en uno de los momentos más significativos de su vida, y quería que cada segundo estuviera impregnado de la misma paz y amor que sentía en aquel instante. Con una última mirada al altar, confirmó que todo estaba perfecto. Ahora solo faltaba esperar a Laura, con la esperanza de que este atardecer se convirtiera en una promesa de pasión eterna.

Laura había pasado el día entre nubes de emociones contradictorias, oscilando entre la alegría y la ansiedad. Sabía que Alejandro había preparado una sorpresa para ella, pero el secreto que había mantenido sobre los detalles solo servía para aumentar su curiosidad y sus expectativas. Mientras se aproximaba a la playa de Elviria, el lugar donde habían compartido tantos momentos memorables, su corazón latía con una mezcla de nerviosismo y anticipación.

El atardecer bañaba todo en un resplandor dorado, y el camino de pétalos de rosas que encontró al llegar la guió suavemente hacia donde Alejandro la esperaba. Cada paso que daba sobre la arena suave parecía acercarla más a un futuro desconocido pero infinitamente prometedor. Las velas y las flores creaban un pasillo que no solo la dirigía hacia Alejandro, sino hacia una nueva etapa de su vida que estaba a punto de comenzar.

Alejandro la vio acercarse y su respiración se detuvo un momento. Nunca había estado tan seguro de nada como lo estaba de lo que estaba a punto de hacer. Al verla avanzar, con el cabello acariciado por la brisa y su vestido moviéndose suavemente al ritmo de sus pasos, sintió que todos los momentos vividos hasta entonces habían sido simplemente prólogos de lo que estaba por venir.

Cuando Laura llegó al altar, Alejandro tomó sus manos entre las suyas, mirándola directamente a los ojos. El mundo alrededor parecía desvanecerse, dejándolos solos en ese instante perfecto y suspendido en el tiempo. Con voz suave pero clara, comenzó a hablar, cada palabra impregnada de la emoción que llevaba en el corazón.

"Laura, desde el momento en que te conocí, cada día ha sido una revelación de cuánto puedo amar, y de cuánto puedo ser amado. Has llenado mi vida de alegría y mi corazón de amor. Contigo he aprendido que lo que más valoro es cada momento que comparto contigo, cada sonrisa tuya, cada caricia, cada mirada. No imagino mi vida sin ti, y no quiero imaginarla."

Alejandro hizo una pausa, tomando un pequeño cofre de madera de donde sacó un anillo. Era sencillo pero elegante, con un pequeño diamante que capturaba la última luz del sol, reflejando la profundidad de su compromiso. "Quiero que todos los días sean un continuo descubrimiento de ti, y quiero que cada día tú descubras más de mí. Laura, ¿quieres casarte conmigo?"

El silencio que siguió fue un tejido de emociones palpables. Laura sintió cómo las palabras de Alejandro resonaban en lo más profundo de su ser, tocando cada fibra de su corazón. Las lágrimas brotaron de sus ojos no como un signo de duda, sino como el resultado natural de un amor profundo y verdadero que había sido tocado por la promesa de una vida compartida.

Con voz temblorosa pero llena de certeza, Laura respondió, sus palabras fluyendo entre lágrimas de felicidad. "Sí, Alejandro. Sí, quiero casarme contigo. No hay nada en este mundo que desee más que estar contigo, crecer contigo, enfrentar todo lo que la vida nos depare, juntos."

Alejandro deslizó el anillo en su dedo, un ajuste perfecto, como si hubiera sido diseñado solo para ella. Se abrazaron, un abrazo que selló su compromiso, un abrazo que decía más que mil palabras, un abrazo que era un refugio y un hogar. El rumor del mar y el suave susurro del viento en las palmeras fueron los únicos testigos de ese momento sagrado, mientras el cielo se oscurecía y las primeras estrellas comenzaban a brillar, como si el universo entero se preparara para escribir el siguiente capítulo de su historia juntos.

Tras el emotivo intercambio de palabras y promesas, el nuevo compromiso de Laura y Alejandro se selló no solo con un anillo, sino con una celebración íntima que parecía prolongar la magia del atardecer. Con las estrellas emergiendo una a una en el cielo, ambos decidieron caminar a lo largo de la orilla del mar, dejando que el suave oleaje besara sus pies descalzos. El sonido de las olas en perfecta armonía con sus corazones latiendo al unísono creaba un fondo musical que parecía compuesto exclusivamente para ellos.

Alejandro, aún sosteniendo la mano de Laura, extrajo de una pequeña cesta un par de copas de cristal y una botella de champán que había traído escondida entre las sombras de las rocas cercanas. Con una sonrisa, llenó ambas copas, el líquido dorado brillando bajo la luz de la luna. Brindaron por su amor, por su futuro, y por todos los sueños que estaban ansiosos por cumplir. Cada sorbo parecía confirmar su promesa de permanecer juntos, reforzando su conexión con cada gesto compartido.

Después de algunos momentos de risas y caricias, se sentaron en la arena, envueltos en una manta que Alejandro había preparado. La noche se cernía sobre ellos como un manto protector, íntimo y sereno. Fue entonces cuando comenzaron a hablar, realmente hablar, sobre lo que este compromiso significaba para cada uno de ellos.

Laura, mirando hacia el oscuro horizonte marino, compartió sus pensamientos. "Siempre pensé que el compromiso era solo una formalidad, algo que la gente hacía porque era el siguiente paso esperado. Pero contigo, cada paso que hemos dado ha sido natural, ha sido verdadero. No es solo una formalidad, es una promesa... una promesa de que estaré allí, no importa qué, de que enfrentaremos juntos lo que venga."

Alejandro asintió, tomando la palabra con una voz suave pero firme. "Para mí, comprometerme contigo es como abrir un nuevo capítulo en el mejor libro que he leído. Es saber que hay tantas páginas por escribir, tantas historias por contar. Y lo que más me emociona es que todas esas historias serán contigo. Es un compromiso con nuestro futuro, con todas las posibilidades que nos esperan."

Ambos compartieron un silencio cómodo, reflexionando sobre las palabras del otro. Luego, Alejandro añadió, "Sé que habrá desafíos, como los hay en cualquier relación. Pero siento que mientras podamos comunicarnos así, con honestidad y con corazón abierto, no hay nada que no podamos superar juntos."

Laura se recostó en su hombro, suspirando con un sentimiento de seguridad y felicidad. "Exactamente, eso es lo que significa para mí también. No espero que todo sea perfecto, pero no puedo imaginar a nadie más con quien quisiera compartir tanto la perfección como los desafíos."

La conversación continuó fluyendo libremente, cada confesión y cada sueño compartido tejía un lazo más fuerte entre ellos. Hablaron de lugares que quisieran visitar, de proyectos que les gustaría emprender juntos, incluso de los nombres que les gustarían para futuros hijos. Con cada palabra, el futuro parecía tomar forma delante de sus ojos, un futuro lleno de amor y de compañerismo.

Mientras la noche se adentraba en las horas pequeñas, decidieron finalmente regresar. Caminando de vuelta, sus siluetas se recortaban contra la luna, dos figuras convertidas en una sola por la promesa de un amor inquebrantable. El compromiso no era solo una declaración de intenciones, sino una celebración de todo lo que habían construido juntos y de todo lo que aún estaba por venir.

Una vez reanudada la calma tras el torrente emocional de la propuesta, Alejandro y Laura se sentaron frente al mar, con la luna iluminando la escena, ideal para empezar a esbozar el contorno de su futuro conjunto. Las estrellas parecían alinearse no solo en el cielo, sino también en sus planes y sueños. La conversación fluía tan naturalmente como el vino en sus copas.

"¿Has pensado en algún lugar en particular para la boda?" preguntó Alejandro, su mirada llena de curiosidad y emoción.

Laura sonrió, su mente ya tejiendo imágenes de lugares y momentos. "Siempre me ha gustado la idea de una boda en la playa, justo como esta noche, bajo las estrellas. Pero también me encanta la idea de un lugar más rústico, quizás en algún viñedo o una finca antigua en el campo."

Alejandro asintió, entusiasmado con la idea. "Me encanta esa visión. La playa tiene un significado especial para nosotros, pero un viñedo también podría ser increíble, con la naturaleza como telón de fondo. ¿Qué te parece una boda en primavera?"

"Un matrimonio en primavera podría ser mágico," respondió Laura. "La primavera simboliza nuevos comienzos, y todo está en floración. Sería un hermoso simbolismo para el inicio de nuestra vida juntos."

"Perfecto," dijo Alejandro con una sonrisa. "Primavera en un viñedo. Podemos comenzar a buscar lugares que encajen con esa visión y ver qué fechas tienen disponibles."

Con los primeros detalles de la boda tomando forma, la conversación se desplazó hacia sueños más amplios y las expectativas de su vida juntos. Laura se acomodó más cerca de Alejandro, tomó su mano y comenzó a compartir sus pensamientos.

"Sueño con una vida donde cada día sea una oportunidad para crecer juntos, para aprender el uno del otro y explorar el mundo a nuestro lado. Quiero que construyamos un hogar lleno de risas, de arte, de música... Un lugar donde ambos podamos ser nosotros mismos completamente."

Alejandro escuchaba atentamente, cada palabra de Laura resonando profundamente en él. "Y yo sueño con construir una familia contigo, con enseñar a nuestros hijos todo sobre el amor, el respeto y la pasión por la vida. Imagino domingos perezosos en casa, desayunos en la cama, tardes de juegos y noches de películas."

"Y no olvidemos los viajes," añadió Laura con entusiasmo. "Explorar nuevas culturas, probar comidas que nunca hemos oído nombrar, perdernos en ciudades desconocidas. Quiero que cada experiencia amplíe nuestro horizonte y fortalezca nuestro vínculo."

Alejandro asintió, su corazón lleno de esperanza y amor. "Viajaremos tanto como podamos. Y entre viajes, crearemos nuestro propio pequeño paraíso, donde amigos y familia siempre sean bienvenidos."

Laura se apoyó en el hombro de Alejandro, sintiendo una profunda gratitud y amor. "También quiero que apoyemos los sueños del otro. Quiero estar allí para ti en tus exposiciones de arte, aplaudiéndote en cada inauguración. Y espero lo mismo de ti, que estés a mi lado en mis proyectos, celebrando cada pequeño éxito."

"Siempre estaré allí, Laura. En cada paso, cada logro, cada desafío. Trabajaremos juntos en nuestros sueños, personales y compartidos. Eso es lo que significa ser socios, ¿no es así?"

Ella asintió, las palabras de Alejandro reafirmando todo lo que sentía. "Exactamente. Socios en todo."

La luna seguía alta en el cielo cuando finalmente decidieron volver a casa. Mientras caminaban de vuelta, sus siluetas se entrelazaban en la arena, un símbolo de cómo sus vidas ahora estaban irrevocablemente unidas. Con cada paso, el futuro parecía más brillante y lleno de posibilidades, y ambos sabían que, juntos, podrían enfrentar cualquier cosa que la vida les presentase.

A medida que la planificación de la boda avanzaba, Laura y Alejandro se encontraron enfrentando varios obstáculos que pusieron a prueba su paciencia y su capacidad de trabajo en equipo. Aunque emocionados por su futuro juntos, no tardaron en descubrir que el camino hacia el altar podía estar lleno de desafíos inesperados.

Uno de los primeros contratiempos surgió con la elección del lugar. El viñedo que habían elegido inicialmente les informó que, debido a una doble reserva accidental, su fecha deseada ya no estaba disponible. Este revés inicial fue un golpe, especialmente para Laura, quien había comenzado a visualizar su boda en ese entorno específico.

Al mismo tiempo, surgieron diferencias de opinión entre las familias sobre algunos aspectos de la ceremonia. La familia de Alejandro, con raíces profundas en tradiciones españolas, esperaba una celebración extensa y tradicional, mientras que la familia de Laura, más inclinada hacia lo íntimo y lo contemporáneo, sugería un enfoque más moderno y sencillo.

Frente a estos desafíos, Laura y Alejandro necesitaron sentarse y discutir no solo lo que cada uno deseaba individualmente, sino también cómo podrían fusionar sus visiones sin decepcionar a sus familias. Decidieron que la comunicación abierta y el compromiso serían esenciales para superar estos obstáculos.

Para el problema del lugar, Alejandro propuso una solución alternativa que al principio pareció un compromiso, pero que gradualmente se convirtió en una opción aún más emocionante. Encontraron disponible otro viñedo, no solo con una fecha adecuada sino también con una vista más espectacular que la originalmente planeada. Laura, viendo el entusiasmo de Alejandro y la belleza del nuevo lugar, se sintió aliviada y emocionada, dándose cuenta de que a veces un cambio de planes podría llevar a un resultado incluso mejor.

En cuanto a las diferencias familiares, Alejandro y Laura organizaron una cena con ambas familias para discutir las tradiciones y los deseos de cada parte. Durante la cena, expusieron cómo visualizaban su boda, enfatizando que querían una celebración que reflejara su unión y respetara las tradiciones de ambas familias. Este encuentro permitió abrir un diálogo que fue fundamental para llegar a un acuerdo. Decidieron incorporar elementos tradicionales en la ceremonia, como los rituales españoles que eran importantes para la familia de Alejandro, mientras mantenían la recepción en un estilo más moderno y relajado que resonaba con la familia de Laura.

Esta experiencia de negociación y compromiso no solo resolvió las tensiones iniciales sino que también fortaleció la relación entre Laura y Alejandro. Demostraron una madurez significativa al manejar los conflictos, mostrando que podían trabajar juntos armoniosamente frente a la adversidad, un presagio positivo para su futuro matrimonio.

Cada desafío superado les enseñó valiosas lecciones sobre la importancia de apoyarse mutuamente y de mantenerse unidos frente a las presiones externas. Aprendieron que el éxito de su relación dependía no solo de celebrar los momentos felices juntos sino también de navegar conjuntamente los tiempos difíciles. Con estos aprendizajes, se sintieron aún más preparados y emocionados para su día especial y para todos los días que seguirían como marido y mujer.

A medida que el gran día se acercaba, Laura y Alejandro se encontraban reflexionando sobre el viaje que habían emprendido juntos. Las semanas de preparativos no solo habían moldeado los detalles de una boda, sino que habían cimentado la base de lo que prometía ser una vida compartida llena de amor, respeto y mutua comprensión. Ahora, en la tranquilidad de una noche estrellada, mientras contemplaban el cielo desde el balcón de su casa, compartían sus pensamientos y emociones sobre este viaje.

Laura, mirando hacia el cielo nocturno, se sintió abrumada por un sentido de gratitud y anticipación. "Mira todas esas estrellas," dijo suavemente, "cada una de ellas representa un momento de nuestra vida juntos que está por venir. A veces, cuando pienso en el futuro, me asusta un poco lo desconocido, pero luego te miro y sé que todo estará bien, porque estaremos juntos en esto."

Alejandro tomó su mano y la apretó con ternura. "Yo también siento eso," confesó. "Antes de conocerte, veía mi futuro como algo difuso, incierto. Ahora, contigo, se ha transformado en algo claro y brillante. No importa qué desafíos o sorpresas nos traiga la vida, enfrentarlos contigo los convertirá en aventuras."

Ambos se abrazaron, sintiendo el confort del otro, y en ese abrazo, se prometieron mutuamente no solo amor, sino también compañía inquebrantable. "Cada día a tu lado es un regalo," murmuró Alejandro, "y prometo hacer de cada día un testimonio de nuestro amor y compromiso."

"Y yo prometo ser tu apoyo, tu refugio, y tu mayor admiradora," respondió Laura, sus palabras llenas de sinceridad y amor.

Así, entre susurros de promesas y sueños, el futuro se desplegaba ante ellos no como una serie de eventos que temer, sino como una pizarra en blanco lista para ser llenada con experiencias compartidas. Había un entendimiento tácito de que no todos los días serían perfectos, pero el amor que se tenían el uno al otro proporcionaría siempre una constante fuente de luz y calor.

Finalmente, el día de la boda llegó. Fue un hermoso tapiz de momentos: la risa que llenó el aire, las lágrimas de alegría durante los votos, y los bailes bajo una luna creciente. Todo fue un reflejo del amor y el compromiso que se prometieron el uno al otro aquel día en la playa. Mientras bailaban su primer baile como marido y mujer, rodeados de familiares y amigos, el amor en sus ojos era palpable, un brillante testimonio de su viaje compartido.

CAPÍTULO 9

Juramentos de pasión eterna

Después de la intensa emoción de la ceremonia de boda y una fiesta memorable, Alejandro y Laura se encontraron solos, mano a mano, en la terraza que daba al mar. El cielo nocturno estaba despejado de nubes, con la luna creciente vertiendo una luz plateada sobre las olas que se rompían suavemente en la playa debajo. Era el epílogo perfecto de un día lleno de emociones y promesas compartidas.

"Laura, mira el cielo esta noche," dijo Alejandro, señalando el cielo estrellado donde las estrellas brillaban con particular intensidad. "Cada estrella parece brillar solo para nosotros, como si cada luz fuera un deseo para nuestro futuro juntos."

Laura, con el corazón aún lleno de las emociones del día, se apoyó en él. "Cada vez que pienso en nuestro futuro, siento una mezcla de emoción y miedo. Pero luego te miro y todo tiene sentido. Sé que, sea lo que sea lo que el destino nos depare, lo enfrentaremos juntos, con la fuerza que viene de nuestro amor."

Sus voces se mezclaban con el sonido del mar, creando una melodía reconfortante. Alejandro, mirándola a los ojos con toda la seriedad del momento, respondió: "Sí, Laura. Y cada desafío que enfrentemos, cada alegría que compartamos, añadirá profundidad a nuestra unión. Esta noche, bajo esta luna, me siento increíblemente afortunado de comenzar este viaje contigo."

Luego hablaron de sus sueños y esperanzas para el futuro, de los viajes que harían, de los lugares que explorarían juntos. Imaginaban perderse en las calles de ciudades lejanas, probar cocinas exóticas e inmersarse en culturas diferentes. Cada plan era un ladrillo colocado sobre el fundamento de su amor, un amor que se prometían cultivar cada día.

"Imagino también las pequeñas cosas," dijo Laura, sonriendo ante la perspectiva de una vida cotidiana compartida. "Como despertar cada mañana y verte a mi lado, o pasar las tardes en el jardín, mirando las estrellas, justo como ahora."

Alejandro asintió, su mente ya llena de imágenes de esa vida juntos. "Y no puedo esperar a cada mañana. Incluso los días más grises serán brillantes, porque los enfrentaremos juntos. Y no importa a dónde nos lleve la vida, nuestro hogar será siempre donde estemos juntos."

La conversación luego se desplazó hacia los preparativos para su nuevo hogar, discutiendo sobre decoración, espacios para compartir, un rincón para las lecturas de Laura y un estudio para las pinturas de Alejandro. Cada detalle era una pieza que se añadía a la casa de sus sueños, una casa hecha no solo de muros, sino de afectos, sueños y promesas.

Después de un largo silencio, en el que ambos se perdieron en sus pensamientos, Alejandro sacó una pequeña caja, pasándosela delicadamente a Laura. "Tengo algo para ti," dijo con una sonrisa tímida. Dentro, Laura encontró un pequeño colgante en forma de estrella. "Para recordarte que, incluso en los días más oscuros, siempre habrá una luz que nos guíe," explicó él.

Laura, conmovida, lo besó, sintiendo el calor de su amor envolverla. "Y yo," dijo mientras sacaba un pequeño libro de su bolsa, "he escrito algo para ti." Era una colección de poemas que había escrito durante los meses anteriores, cada verso un tributo a su amor, un amor que, como las olas bajo su terraza, estaba destinado a crecer y renovarse sin cesar.

Con un abrazo que pareció durar una eternidad, se prometieron enfrentar juntos el mundo, con sus tormentas y sus calmas. Sabían que, a pesar de las inevitables dificultades que la vida podría traer, su amor sería un faro constante de apoyo mutuo. La confianza y el entendimiento que habían construido esa noche bajo las estrellas representaban una base sólida sobre la cual erigir el futuro.

"Siempre debemos recordarnos escuchar, tomar el tiempo para entender las necesidades del otro, justo como hemos hecho hoy," dijo Laura, su voz impregnada de determinación. "Prometo estar siempre aquí para ti, escucharte y apoyarte, tanto en los momentos felices como en los difíciles."

Alejandro asintió, profundamente conmovido por las palabras de Laura. "Y yo prometo ser tu compañero en cada aventura, tu consuelo en las tormentas, tu aliado más fiel. Juntos, no hay nada que no podamos superar."

Decidieron concluir la velada con un paseo por la playa, donde el sonido de las olas los acompañó en un diálogo silencioso, hecho más de miradas y gestos cariñosos que de palabras. La frescura de la noche solo servía para vigorizar su espíritu, fortaleciendo el sentido de unión y propósito compartido.

Mientras caminaban, las risas y las conversaciones de los invitados a su boda se convertían en un eco lejano, recordándoles la red de familia y amigos que tenían detrás, listos para apoyarlos y celebrar con ellos cada hito importante de su vida juntos.

Al regresar a casa, Alejandro y Laura se sentían revitalizados, listos para comenzar el próximo capítulo de su vida. La comprensión y el amor que habían compartido esa noche bajo las estrellas no eran solo la celebración de un momento, sino la afirmación de una promesa: la de construir juntos una vida llena de significado, amor y descubrimiento.

Concluyendo la velada, se prometieron mantener vivo el espíritu de esa noche, recordarse siempre de mirar las estrellas cuando la rutina diaria amenazara con abrumar su amor. Habían aprendido que, no importa cuán exigente pudiera ser la vida, siempre había espacio para la maravilla, para la aventura, y para un amor que se renovaba y crecía, imparable como el mar. Con estas promesas aún cálidas en sus corazones, Alejandro y Laura se durmieron, los corazones llenos de gratitud y los sueños teñidos de infinitas posibilidades. Sabían que, juntos, cada desafío se convertiría en una oportunidad, cada día un nuevo capítulo en su gran libro de aventuras compartidas, un libro que seguían escribiendo juntos, con amor y dedicación.